Moses Heinemann

Preußens Stammbaum aus dem Hause Hohenzollern

EHV
HISTORY

Moses Heinemann

Preußens Stammbaum aus dem Hause Hohenzollern

ISBN/EAN: 9783955642136

Auflage: 1

Erscheinungsjahr: 2013

Erscheinungsort: Bremen, Deutschland

EHV
HISTORY

Preußens Stammbaum

aus

dem Hause Hohenzollern.

Ein

Beitrag zur Vaterlandskunde.

Von

M. Heinemann.

Dritte verbesserte Auflage.

Berlin, 1841.

Verlag von C. Heymann.

Regentenfolge.

A. Kurfürsten.

B. Könige.

Gründung des Preußischen Regentenhauses durch Burggraf Friedrich VI. aus Hohenzollern, im Jahre 1415.

Unweit der Stadt Tübingen, im Königreiche Würtemberg, liegt das Fürstenthum Hohenzollern-Hechingen, in welchem vor uralten Zeiten ein sehr festes Bergschloß stand, das ebenfalls Hohenzollern hieß. Die Besitzer dieses Schlosses waren Burggrafen, welche Würde und Landeshoheit vom Jahre 1180 an, wo Conrad, der jüngere Sohn des Zollern'schen Grafen Rudolph, als erster Burggraf hervorgehoben wurde, erb-

lich in der Stammlinie sich fortpflanzte. Die
Bestätigung dieser Erblichkeit ging von den damaligen Kaisern aus, die, vermöge ihrer Macht
und ihres Ansehns großen Einfluß ausübten.
So erhielt Friedrich V., das sechste Glied in
absteigender Linie des oben erwähnten Conrads,
vom Kaiser Karl VI. im Jahre 1363 nicht nur
eine solche Bestätigung als Burggrafen, sondern
auch dazu noch die Würde eines Reichsfürsten.
Sein fürstliches Besitzthum dehnte sich in ein
zweifaches Gebiet aus; in das Burggrafenthum
oberhalb des Fichtelgebirgs oder in den Baireuther Kreis, und in das Burggrafenthum unterhalb jenes Gebirgs oder in den Anspacher
Kreis. Als er aber im Jahre 1398 verstorben
war, theilten sich seine beiden Söhne: Johann III.
und Friedrich VI. in das burggräfliche Erbe.
Johann erhielt Baireuth, Friedrich aber nahm
Anspach als Eigenthum in Besitz. Indeß fiel
dem letztern im Jahre 1420, da Johann kinderlos starb, auch das Baireuther Gebiet zu.

Burggraf Friedrich's VI. Exiſtenz, Karakter
und Wirken erſcheinen uns vorzüglich deshalb
höchſt wichtig, weil er ſpäter zum Beſitze der
Mark Brandenburg gelangte und er der erſte
war, der die Regentenreihe unſers erlauchten
Preußiſchen Königshauſes eröffnete.

Burggraf Friedrich VI., 1372 zu Nürnberg
geboren, folgte als zweiter Sohn im gräflichen
Beſitzthume ſeinem Vater Friedrich V., deſſen Ge=
mahlin Eliſabeth, Markgräfin von Meißen war.
Er war ſowohl durch ſeine wiſſenſchaftlich aus=
gebildeten Geiſteskräfte, als auch durch ſeine Ta=
lente, Klugheit und Tapferkeit als Feldherr
ausgezeichnet, berühmt und allgemein verehrt.
Einen beſonders wohlwollenden Freund und Gön=
ner hatte er an Sigismunden, dem Könige von Un=
garn, der freilich große Vortheile durch ihn genoß,
indem Friedrich ihm behülflich war, daß er 1411
die Würde als deutſcher Kaiſer erlangte und
ihn auch öfters mit Geldvorſchüſſen unterſtützte;

diese freundschaftliche Gesinnung jedoch ihm (Friedrichen) nicht unbelohnt ließ. Sigismund war nämlich der zweite Sohn des Kaisers Karl IV (der ältere Sohn des letztern hieß Wenzel und war König von Böhmen), der mit Gewalt und vermöge seiner gefürchteten Uebermacht die Mark Brandenburg sich zugeeignet und daselbst von 1373 bis 1378 regiert hatte. Als dieser nun 1378 gestorben war, fiel Sigismunden die Mark Brandenburg als Erbtheil zu. Nun war er zwar Geldmangels wegen, veranlaßt, dieses Märkische Besitzthum im Jahre 1388 an seinen Vetter Jobst, König von Mähren gegen ein empfangenes Darlehn zu verpfänden, doch er= langte er es im Jahre 1411, wo Jobst starb, als ein neu ererbtes Eigenthum wieder.

Indeß konnte er als Kaiser und König seinen aufmerksamen Regentenblick nicht von seinen eignen großen Staaten ablenken und ihn, wie es in der That eigentlich erforderlich

war, sorgfältig auf die Mark Brandenburg
richten; sondern mußte die Verwaltung und
Statthalterschaft Andern überlassen und anver=
trauen. Zu einem solchen Statthalter nun ward
der Nürnberger Burggraf Friedrich VI. von
Hohenzollern ernannt, und zwar wahrscheinlich
aus der Rücksicht, daß er ein großer Schuldner
des letztern geworden und ihm, in demselben
Jahre noch, wo Jobst gestorben war, die Mark
verpfändet hatte. — Je länger aber Friedrich
die Verwaltung der Statthalterschaft über die
Mark ausführte, desto öfterer ward sein reich
gefüllter Schatz von Sigismund in Anspruch
genommen und desto größer und bedeutender
ward seine Forderung an den letztern, die der=
gestalt anwuchs, daß Sigismund, der es wohl
erwogen haben mochte, daß eine Rückzahlung
der, von Friedrich geliehenen Gelder fast un=
möglich erschien, es für nützlich und zweckmäßig
erachtete, ihm dafür die Mark Brandenburg mit
der Kurwürde abzutreten. Diese Aufnahme in

die Kurfürsten-Versammlung und die Abtretung dieser Würde geschah am 30. April 1415, wo Sigismund allen Märkischen Vasallen auf's angelegentlichste befahl, Friedrichen, als dem neuen Kurfürsten von Brandenburg die Huldigung zu leisten.

Und so bestieg Burggraf Friedrich VI. den Mark Brandenburger Kurfürstenthron, von welcher Zeit an er in der Geschichte: Friedrich I. heißt.

————

Regierung Friedrich's I. als Kurfürsten von Brandenburg.

Von 1415 (belehnt 1417) bis 1440.

Mit dem Antritte der Kurfürstlichen Regierung mußte Friedrich zugleich große Lasten übernehmen, denn im Lande hatte unbeschreibliche Unordnung obgewaltet, die zu beseitigen ihm ernstlich oblagen. Auch hatte er gegen viele Widerwärtigkeiten zu kämpfen, die ihm, von Seiten anderer Landesfürsten, die feindlich wider ihn dachten und handelten, große Unruhen verursachten. Doch überwand er alle Schwierigkeiten mit Muth, Gewandheit und Geistesgegenwart, und vermöge seiner Klugheit, friedlichen Gesinnungen und Herzensgüte vermochte er es, die Staats=Verhältnisse besser und beruhigender zu gestalten, so wie er durch Großmuth seine Neider und undankbaren Freunde, zu welchen letzteren auch Sigismund zu rechnen

war, zur Anerkennung seiner richtigern Ansicht
zu gewinnen verstand. Einen Beweis seiner An-
spruchlosigkeit legte er besonders dadurch an
den Tag, daß er das ehrenvolle Anerbieten zur
Annahme der Kaiserwürde, zu welcher er nach
Sigismunds Ableben (1437) von allen fürstlichen Höfen einstimmig gewählt wurde, beschei-
den von der Hand wies. — Seine Regierungsperiode fällt in die traurige Zeit des Hussiten-
krieges, der schreckliche Verheerungen in der Mark
zur Folge hatte und Friedrichen viele Anstrengungen veranlaßte. Ueberhaupt mußte er, wiewohl von der Natur mit ausgezeichneter Stärke
begabt, dennoch den Bekümmernissen, die seine
mühevollen Kriegeszüge herbeigeführt hatten,
seine Körperkräfte aufopfern, und erschöpft und
entkräftet ging er am 21sten September 1440
in ein besseres Leben über. — Seiner hinterlassenen Söhne waren 4: Johann, mit dem
Beinamen des Stillen, der das Burggrafthum
oberhalb des Fichtelgebirgs (Bayreuth) erhielt;

Friedrich, den die Kur- oder Mittel- und
die Ukermark als Erbtheil zufiel; Albrecht,
der in den Besitz des Burggrafthums unterhalb
des Fichtelgebirgs (Anspach) kam, und Friedrich der Fette, dem die Altmark und die
Priegnitz ererbt wurde.

Kurfürst Friedrich II.
Von 1440 bis 1470.

Schon in den letzten drei Lebensjahren seines ruhmwürdigen Vaters, der größtentheils,
von Brandenburg entfernt, in seinem fränkischen
Burggrafthume verweilte, hatte Friedrich II.
die Statthalterschaft in der Kurmark übernom-
men und er führte diesen fürstlichen Beruf mit
solcher Ordnung, Treue, Sorgfalt und recht-

...chen Grundsätzen aus, daß er sich in die Bedürfnisse und Verhältnisse des Landes eingeweihet und die Erfordernisse der Staatsverwaltung genau kennen gelernt hatte. Daher sein fürstlicher Vater es dem Zwecke angemessen fand, ihn in der einstigen Regierungs-Uebernahme der Mark Brandenburg dem ältesten Sohne Johann vorzuziehn.

Friedrich war zu Tangermünde am 19ten November 1413 geboren, erhielt jedoch seit seinem 9ten Jahre seine Erziehung in Polen, wodurch er auch eine Verlobung mit der Prinzessin Hedwig, Tochter des Polnischen Königs Wladislav Jagello bewirkte, welche Verlobung indeß keine eheliche Verbindung zur Folge hatte, indem Hedwig als Braut (1431) starb.

Friedrich, deshalb der Eiserne genannt, weil er sich in allen seinen Unternehmungen tapfer und standhaft zeigte, und in Ausübung recht-

licher Grundsätze die unerschütterlichste Beharr-
lichkeit an den Tag legte, bekundete durch seine
Regierungsweise die bewundernswürdigste Klugheit, Umsicht, Gelassenheit und Liebe zum Frieden, daher er mit andern Fürsten in schönster
Eintracht lebte. Seinen Kurfürstlichen Staat
vergrößerte er zuerst durch die Neumark, die er
im Jahre 1455 für 100 tausend rhein. Gulden
von dem Preuß. Orden, der sie damals eigen-
thümlich besaß, an sich brachte, und alsdann
durch die Altmark und Priegnitz, die ihm 1463
als Erbtheil von seinem Bruder Friedrich dem
Fetten, der ohne Erben starb, nach der Bestimmung des väterlichen Testaments zu ge-
fallen waren.

Er starb zwar erst 1471 am 10ten Februar,
hatte aber die Regierung schon bei Lebenszeiten
1470 seinem jüngern Bruder Albrecht abgetreten und übergeben, da er kinderlos starb,
indem seine beiden Söhne Johann und Erasmus

ihm bereits in die Ewigkeit voran gegangen
waren. Seine letzten Lebenstage verlebte er
zu Plaſſenburg, wo er auch ruhig und ſanft
verſchied.

Kurfürſt Albrecht.
Von 1470 bis 1486.

Albrecht, zweiter Sohn Friedrich's I. ward
zu Tangermünde am 24ſten November 1414
geboren und beherrſchte ein dreifaches Gebiet;
das Fürſtenthum Anſpach, als väterliches Erbe; das Fürſtenthum Bayreuth, vom älteſten
Bruder Johann, der 1464 ſtarb, ererbt und
die Mark, von Friedrich II. freiwillig abgetreten.

Die Statthalterſchaft der Mark aber über-
trug er gleich anfangs ſeinem älteſten Sohne

Johann, dem er auch später (1476) die völlige
Regierung derselben übergab, während er selbst
in seinen Fränkischen Staaten lebte.

Albrecht stand sowohl bei allen deutschen,
als auch ausländischen Höfen in großem Ansehen, weil er sich in jeder Hinsicht würdig
und charaktervoll ausgezeichnet hatte. — Von
Natur ein reizendes Bild körperlicher Schönheit
und einflußreichen Anstandes, war er vielseitig
gebildet, besaß musterhafte Staatsklugheit und
kriegerischen Heldenmuth ohne Gleichen. Sol-
dat im strengsten Sinne des Wortes, ward er
seinen Feinden furchtbar, die schon sein bloßes
Ansehn verscheuchte. Von allen Fürsten geehrt,
konnte bei den Wahlen anderer Monarchen seine
Stimme sich am geltendsten machen. Besonders
war er ein Liebling und Günstling des Kaisers
Friedrich III., der auch seinem Besitzthume noch
das Pommersche Gebiet einverleibte. Seine
beispiellose Tapferkeit im Kriege erwarb ihm

den Beinamen Achilles und, seiner bewun=
dernswürdigen Klugheit und Beredsamkeit we=
gen, nannte man ihn Ulysses.

Albrecht war in jeder Rücksicht groß und
seine Einsicht bleibt allgemein anerkannt. Er
stellte das Erbfolge=Gesetz auf, nach welchem
immer derjenige Erbprinz, der zur Regierung
der Kurmark gelangen würde, auch zugleich
sämmtliche Marken beherrschen sollte.

Als 72 jähriger Greis starb er plötzlich am
11ten März 1486 und ward in Heilbron zum
fürstlichen Erbbegräbnisse bestattet.

———

Kurfürst Johann.
Von 1486 bis 1499.

Von den drei Söhnen, die Albrecht hinterließ, erhielt Johann, als der älteste Sohn,
die Mark Brandenburg und die Kurwürde;
Friedrich aber Anspach, und Sigismund Bayreuth.

Johann war am 2ten August 1455 geboren. Seine Erziehung und Bildung, die ihm
trefflich zu Statten kamen, genoß er im Hause
und unter persönlicher Mitwirkung seines Oheims,
Friedrichs II.

Gleichwohl stand er, in Hinsicht rascher Thätigkeit, kräftiger Anstrengung, schneller Ueberle-
gung und geistiger Umsicht seinem Vater bedeutend nach, indeß ersetzte er diesen Mangel hin-
länglich durch guten Willen und den rühmens-
werthen Vorsatz, bei steter Unterhaltung eines

heilbringenden Friedens, das Glück seiner Un-
thanen auf alle mögliche Weise zu befördern.
Besonders erkannte er den unschätzbaren Werth
und Einfluß der wissenschaftlichen Bildung und
den Nutzen der Gelehrsamkeit, und mit rastloser
Thätigkeit leitete er die Errichtung einer Universität zu Frankfurt an der Oder ein, zu welcher er den Plan begründete, dessen Ausführung
er aber seinem Sohne und Nachfolger Joachim
überließ und auf's nachdrücklichste anempfahl.

Den herrlichsten Ruf hinterlassend, starb er
in der schönsten Blüthe des Lebens, nachdem
er kaum das 43ste Jahr (am 9ten Januar 1499)
zurückgelegt hatte.

Seiner tiefen Kenntnisse in der lateinischen
Sprache wegen, und vorzüglich um seiner merk-
würdigen Beredsamkeit Willen, nannte ihn sein
Zeitalter: den Redner Cicero.

Kurfürst Joachim I.
Von 1499 bis 1535.

Kaum 15 Jahre alt, erhielt Joachim (geboren den 21ſten Februar 1484) ſchon die, von ſeinem Vater ihm vererbte Regierung, bei deren Verwaltung er den feſten Willen und die bewundernswürdigſte Geiſtesſtärke bekundete. Der Unterſtützung im Rathe zur Ausführung ſeines fürſtlichen Berufs, erfreuete er ſich von ſeinem Oheime Friedrich in Franken, der ihm bis zu ſeinem 19ten Jahre bei den Erwägungen der Kurangelegenheiten zur Hand ging.

Auch er liebte die Gerechtigkeit und übte ſie mit aller Strenge aus, ohne Rückſicht darauf zu nehmen, daß Unverſtändige ſeine wohlmeinende Abſicht, ſein Land von allen Unfugtreibenden zu befreien, verkannten und ihn der Grau-

B

samkeit beschuldigten. — Zur Ausübung der
Gerechtsame stiftete er das hochwichtige Kammergericht zu Berlin, an welches er sogar selbst
mit seinen Rechtsangelegenheiten sich wendete,
so wie er zur Beförderung der Wissenschaften
(1506) die Universität zu Frankfurt an der
Oder errichtete.

In sein Zeitalter fällt die wichtige Refor-
mation Luthers, die ihm allerdings manchen
Kampf, Verdruß und viele Widerwärtigkeiten
verursachte, zumal er durch seine, von ihm
begünstigten Bischöfe gegen den Protestantismus
mit Erbitterung eingenommen wurde, und sein
Eifer dagegen dermaßen einen hohen Grad erreichte, daß er seine eigene Gemahlin Elisabeth
von Dännemark, trefflichen und biedern Karakters,
weil sie sich zur neuen Lehre bekannte, in's Ge-
fängniß bringen ließ und sich nie wieder um
sie bekümmerte.

Nachdem er nun sein Land allmählig vergrößert und 36 Jahre lang das Zepter der
Regierung geführt hatte, starb er am 11ten
Juli 1535 zu Stendal, von Unterthanen geliebt,
von Fürsten verehrt.

Kurfürst Joachim II.
Von 1535 bis 1571.

Mit Uebernahme der Regierung mußte Joachim II. gleichwohl einen Theil der Kurmark,
namentlich die Neumark, das Fürstenthum Cros-
sen und den Lausitz'schen Antheil seinem Bruder
Johann überlassen. Diese Besitzungen fielen
jedoch seinen Grenzen wieder zu, als Johann
mit Tode abging; dieß war freilich erst in
dem letzten Lebensjahre Joachim's II.

B *

Joachim II. den 9ten Januar 1505 ge=
boren, ward unter unmittelbarer Leitung seines
Vaters Joachim I. und dessen Bruder, also
seines Oheims, des Erzbischofs Albrecht erzogen
und durch die anerkanntesten Gelehrten dama=
liger Zeit wissenschaftlich gebildet, welche Bil=
dung höchst vortheilhaft auf seinen Geist und
sein Herz wirkte, denn er besaß und bewies
sehr viele tugendhafte Eigenschaften.

In Betreff der Religion, die damals durch
Luthers Reform ganz Europa in Aufregung
brachte, so war er schon als Kurprinz der neuen
lutherischen Lehre mit voller Neigung zugethan
und wiewohl er sie in den ersten vier Regie=
rungsjahren geheim und unvermerkt eingeführt
hatte, so bekannte er sich dennoch im Jahre
1539 öffentlich zu ihr.

Allerdings hatte er auf die Gährungen, welche
durch die Reform die Gemüther beunruhigten,

ein aufmerksames Auge zu richten, besonders
reizte die Erbitterung Karl's V. der als deut-
scher Kaiser und Spanischer König den Katho-
licismus eifrig verfocht, seine Empfindungen
zum Verdruß und zur Mißstimmung; jedoch
kamen auch hier seine Klugheit und Umsicht ihm
zu Statten, und auf eine schickliche Weise trat
er oft als Vermittler zwischen Protestanten und
Katholiken auf, um ein friedfertiges Gleichge-
wicht zu begründen, vorzüglich während des
Schmalkaldenen Krieges, der 1546 zwischen den
Protestanten und dem Kaiser zum Ausbruche kam.

Joachim besaß werthvolle Tugenden, und
rechtschaffen gesinnt, suchte er den Gewerbefleiß
und den Handel zu heben; doch das Eine ist
ihm als Fehler anzurechnen, daß an seinem Hofe
nicht nur keine Sparsamkeit und Eingezogenheit
zu rühmen war, sondern sogar seine Pracht in
Verschwendung ausartete, was natürlich in
finanzieller Hinsicht keinen guten Erfolg haben

konnte, indem Schulden und Lasten für die Unterthanen daraus erwuchsen.

Er starb plötzlich am 3ten Januar 1571.

Kurfürst Johann Georg.
Von 1571 bis 1598.

Er war am 11ten September 1525 geboren.
Von Merkwürdigkeiten in politischen und Krieges-
Angelegenheiten ist in seiner Regierungs‑Ge-
schichte nichts mitgetheilt. Sein Verdienst
gründet sich bloß auf die Aeußerung guter Hand-
lungen, die Bildung und sittlich‑rechtliche Eigenschaften bekundeten, was allerdings die Beförderung und Erhebung des Wohls seiner
Unterthanen zur Folge hatte. Besondern Ruhm
erwarb er sich durch seine musterhafte Sparsam-

keit und eingezogene Lebensart; durch das Streben, sein Land von Schulden zu reinigen und
durch seine friedliche Gesinnung, vermöge welcher er im Stande war, Eintracht zwischen den
streitenden Religions-Partheyen herzustellen, da
nämlich in seiner Regierungszeit die Streitig-
keiten der Calvinisten (Reformirten) gegen die
Protestanten sich erhoben. Auch zeigte er große
Liebe zu den Wissenschaften, deren Beförderung,
so wie die Erziehung der Jugend ihm sehr am
Herzen lagen, daher er 1574 das Berlinische
Gymnasium gründete.

In einem Alter von 73 Jahren, starb er
1598 am 8ten Januar.

Kurfürst Johann Friedrich.
Von 1598 bis 1608.

Als ältester Sohn und Nachfolger des vorigen Kurfürsten, erhielt Joachim Friedrich (geboren den 27sten Januar 1546) die Regierung, welche sich ebenfalls durch keine Merkwürdigkeit auszeichnete, indem sie ganz den stillen, friedlich ruhigen Karakter der vorigen beibehielt. In die, immer lebhafter gewordenen Religions-Streitigkeiten mischte er sich durchaus nicht; wohl aber beförderte er alles, was seinem Lande und Volke Nutzen bringen und die wissenschaftliche Bildung erweitern konnte. Zu Joachimsthal gründete er (1607) ein Gymnasium, das später nach Berlin verlegt wurde. Da sein Vater das, von dem Kurfürsten Albrecht aufgestellte Erbfolgegesetz vergessen, und die Neumark für einen andern Sohn (Christian, ältesten Sohn dritter Ehe) bestimmt hatte, Jo-

achim Friedrich aber auf Grund jenes Gesetzes
dieser väterlichen Bestimmung sich widersetzte,
so trat sein Vetter Georg Friedrich, Markgraf
von Anspach und Bayreuth, letzter Sprößling
der Hohenzollern'schen Linie, als Vermittler auf,
und es wurde (1598) zu Gera im Voigtlande
ein Vertrag geschlossen und (1599) zu Mag=
deburg bestätigt, nach welchem festgestellt wur=
de, daß das Recht der Erstgeburt gelten und
jeder künftige Kurfürst die Herrschaft über die
gesammten Marken erhalten; in Franken nur
zwei Markgrafen herrschen, die übrigen Prinzen
aber mit bestimmten Geldsummen abgefunden
werden sollten.

Joachim Friedrich hatte nicht das Glück,
lange zu regieren, denn er starb schon 1608,
am 18ten Juli, nachdem er erst 10 Jahre die
Kurfürstenwürde bekleidet hatte.

Kurfüst Johann Sigismund.
Von 1608 bis 1619.

Schon sein Vater Joachim Friedrich hatte von dem genannten Markgrafen Georg Friedrich, der 1578 als Verweser von Preußen, das damals nur noch Herzogthum war, ernannt worden und kinderlos starb, die Vormundschaft über dieses Land erhalten, und Johann Sigismund, der ihm als Kurfürst folgte, richtete seine ganze Thätigkeit darauf, es zu bewirken, daß er zu dem eigenthümlichen Besitze desselben gelange, welches Ziel er auch 1618, ein Jahr vor seinem Tode, nach Wunsch erreichte. — Außer dem Erwerb des Herzogthums Preußen aber, erweiterte er seinen Staat durch Besitznahme noch vieler anderer Länder, die ihm durch Erbschaften zufielen, durch welche letztere seine Regierung höchst merkwürdig in der Geschichte ist. Diese ererbten Länder waren die Herzog-

thümer Jülich, Cleve und Berg, die Grafschaf-
ten Ravensberg und Mark und die Herrschaft
Ravenstein.

Als er wenige Wochen vor seinem Ableben
sich sehr entkräftet fühlte, übergab er seinem
Sohne Georg Wilhelm, der damals 24 Jahre
alt war, die Regierung und starb am 23sten
Dezember 1619 zu Berlin.

Kurfürst Georg Wilhelm.
Von 1619 bis 1640.

Georg Wilhelm war den 3ten November
1595 geboren, und seine Regierungsperiode fiel
in die traurige Zeit, wo der 30jährige Krieg
mit seinen Gräueln eine Verheerung im Lande

anstiftete, bei deren Schilderung allein schon
unsere Empfindung so empört wird, als hätten
wir sie selbst wahrgenommen. Ein kummervol-
ler Zeitabschnitt in der Geschichte, in dem sich
alle Menschlichkeit, alles Gefühl verläugnete!
Leider war Georg Wilhelm ein Fürst, dem
der Muth und der Wille gebrach, kräftig ein-
zuschreiten, sonst würde er dem Uebel und den
bösen Folgen, die sein Land und Volk entgelten
mußten, gesteuert haben. Leider war er der
erste Brandenburg'sche Regent, der ohne fürstlichen Ruhm, das Wohl seiner Unterthanen
gefördert zu haben, aus der Welt ging, wiewohl er an sich gutmüthigen Karakters war. —
Den jammervollsten und beklagenswerthesten Zustand erblickend, starb er am 20sten November
1640 in Preußen, wo er sich oft aufhielt und
wohin er sich in dem letzten Lebensjahre mit
seinem Sohne, dem Kurprinzen Friedrich Wilhelm begeben hatte.

Friedrich Wilhelm, genannt: der große Kurfürst.

Von 1640 bis 1688.

Mit Recht wird Friedrich Wilhelm (geboren am 6ten Februar 1620 zu Kölln an der Spree) der große Kurfürst genannt; denn er war groß an Verstand, groß an Talent, groß an Karakter, groß an Muth, groß in religiösem Vertrauen und groß an Erfahrungen. Seine Erziehung und die Entwickelung seiner Anlagen zu den Wissenschaften, leitete Friedrich von Kalkuhn, genannt Leuchtman, und seine Staatsbildung genoß er auf der Holländischen Universität Leyden, wohin er 1634 sich begab. — Widerwärtigkeiten und Leiden vom hartnäckigsten Karakter suchten seine 48jährige Regierung heim, und seine unbeschreiblich großen Sorgen nahmen kein Ende und raubten ihm alle Ruhe. Sein eigenes Land fand er, bei'm Regierungs-

Antritte in der schrecklichsten Unordnung und sein Volk in der jammervollsten Lage der Armuth und Zerrüttung.

Diese Lage wurde natürlich durch die laster=haste Gehässigkeit der gegenseitigen verschiedenen Religionspartheien begründet und hatte die be=trübendsten Folgen herbeigeführt. Nicht nur aber, daß ihm das Verhältniß seines eigenen Staates so vielen Kummer verursachte; auch von außen ward er unaufhörlich in seinem Stre=ben gestört, denn fast alle europäische Mächte hatten ihn in die hartnäckigsten Kriege verwik=felt, besonders mußte er an dem leidigen 30 jährigen Kriege, der von 1618 bis 1648 die Menschheit in Schrecken setzte und unbeschreib=liche Verwüstungen anstiftete, noch Antheil nehmen.

Außer diesem trübseligen Zustande, hatte er auch noch mit Widerwärtigkeiten zu kämpfen,

die von seinem häuslichen Kreise ausgingen.
Verläumdungen heuchlerischer Umgebungen be-
wirkten Spaltungen in der Familie und stief-
mütterliche Gesinnungen von Seiten seiner zwei-
ten Gemahlin, Dorothea von Holstein-Glücksburg,
die in Vergleich seiner ersten — einer Prinzessin von Nassau-Oranien — nur als ein ver-
dunkelnder Schatten zu betrachten war, fachten
den lobernden Funken des Hasses gegen Friedrich, seinen dritten Sohn, der, weil die
beiden ältesten Söhne frühzeitig gestorben waren,
in der Kurwürde folgen sollte, immer mehr zur
Flamme an, und so häufte sich Schmerz auf
Schmerz und Verdruß auf Verdruß, der wie
ein vergiftender Wurm an seinem edlen Herzen
nagte. Dessen ungeachtet ertrug er mit über-
windender Geduld, Großmuth und Würde alle
diese Leiden und kränkende Empfindungen, und
Nichts vermochte seine frommen Grundsätze zu
erschüttern, und ihn in seinem Streben, das
Wohl seiner Unterthanen zu heben, irre zu machen.

Einen solchen Schwung in die höhere Sphäre des Lebens nahm der Geist Friedrich's II., dessen Leben und Wirken den ehrenvollsten Raum in der Geschichte der Menschheit und der Ereignisse einnimmt.

Geboren zu Berlin den 24sten Januar 1712, ward gar bald sein Talent und seine Gesinnung von seinem eigenen Vater verkannt, und widerwärtige Familienzwiste bestimmten ihn, bei Gelegenheit einer Reise, die er mit dem Vater nach Westphalen machte, zu dem kühnen Entschlusse, von Wesel aus nach England zu flüchten, und zwar in der Absicht, um sich daselbst mit der englischen Prinzessin Amalie, Tochter seines Oheims, Georg's II. zu vermählen.

Letzterer sowohl, als auch seine Mutter wünschten diese Verbindung sehnlichst; doch werden oft des Menschen Pläne schnell vereitelt, und, gleichwohl schon auf der Flucht begriffen, wurde

In der That auch blieben seine mühevollen
Anstrengungen nicht erfolglos, denn sein Land
wurde allmählig vergrößert und der Standpunkt
der Künste und Wissenschaften auf eine höhere
Stufe gebracht. Ihm verdankt das Postwesen
in den deutschen Besitzungen (1650) sein Ent-
stehen, so wie die Anlegung des, für den Handel höchst wichtigen, Kanals bei Müllrose —
von ihm Friedrich Wilhelms Kanal genannt
— (1668) zur unmittelbaren Verbindung der
Oder mit der Spree und, vermittelst der Spree
und Havel, zur mittelbaren Vereinigung der Elbe
mit der Oder verordnet und ausgeführt wurde.
Auch ist von ihm das Friedrich Werder'sche
Gymnasium zu Berlin und die Universität zu
Duisburg gestiftet worden.

Ueberhaupt schreiben sich von ihm ungemein
viele und wesentliche Verbesserungen im Staate
her, und sein Ruf verbreitete sich durch alle
europäische Lande und sein Ansehen hatte einen

solchen Einfluß auf die Gemüther und den Willen aller Staatsregenten, daß sie mit Anerkennung und Verehrung seiner Klugheit und Umsicht gern in seine Friedensvorschläge willigten, die eine allgemeine Eintracht bezwecken sollten. — Vorzüglich vortheilhaft wirkte er bei der Herstellung des westphälischen Friedens (1648).

Von Gerechtigkeitsliebe beseelt; war er beharrlich in der Ausübung der Ordnung, und wenn hierin sein Eifer die Grenzen der Strenge bisweilen überschritten zu haben scheinen, so ist dieser Umstand mehr seinem hitzigen Temperamente, als einem kleinlichen Eigensinn zuzuschreiben, denn sein Herz war voller Güte und Edelmuth und sein anspruchloser Karakter verdiente Achtung und Verehrung; die ihm auch jedermann zollte.

Mit dem bedeutungsvollen Troste, für seine Mit= und die Nachwelt nach Pflicht gedacht

und gehandelt zu haben, starb er, allgemein
geliebt und geehrfürchtet, am 29ften April 1688

Kurfürst Friedrich III. oder seit 1701 König Friedrich I.

Von 1688 bis 1713.

Nachdem die beiden älteſten Söhne des großen Kurfürſten bei deſſen Lebzeiten ſchon ver-
ſtorben waren, ererbte der dritte Sohn, nämlich
Friedrich III. den kurfürſtlichen Thron und
die Regierung.

Er war am 12ten Juli 1657 zu Königsberg
in Preußen von der erſten Gemahlin ſeines
Vaters, der liebenswürdigen und allgemein verehrten Louiſe Henriette, Tochter des Nieder-

ländischen Statthalters Friedrich Heinrich von
Naffau=Oranien, geboren, und in der erften Zeit
unter Leitung des Freiherrn Otto von Schwerin
erzogen. Letzterer, ein weifer, tugendhafter
Mann, der in dem Herzen und den Gefinnun=
gen des Prinzen auf immer eine unerfchütter=
liche Hochachtung für Religion und Tugend zu
befeftigen wußte, gab der Erziehung die un=
wandelbarfte Richtung der Gerechtigkeit. —
Sein nachheriger würdiger Lehrer und wahrhaft
treuer Freund und Rathgeber, war Freiherr
Eberhard von Dankelmann, der ihm feiner ehren=
vollen Verdienfte wegen, unentbehrlich ward.

Ift es gleichwohl nicht unwahr, daß Fried=
rich fchon frühzeitig eine auffallende Reizbarkeit
und Hitze des Temperaments zeigte, fo darf doch
nicht vergeffen werden, daß fein, von Natur
ungeftalteter Körper an diefem Fehler großen
Antheil hatte; er war nämlich kleiner Figur

von schwachem äußern Ansehn und litt an
Brustbeschwerden, welche Krankheit in der Re=
gel die Reizbarkeit nährt.

Abgesehen von diesem Naturfehler war Fried=
rich von Karakter höchst gutmüthig und für
Wohlthun gesinnt. Auch hob sich durch seine
Regierung der Erwerb= und Nährstand. Hier=
zu mag wohl die Einrichtung seines eigenen
Hofhaushaltes viel beigetragen haben, da er für
Pracht, Prunk und Luxus sehr eingenommen
war. Mit diesem Sinne für äußern Glanz
verband sich noch die Rang= und Titelsucht,
die seine Eitelkeit so steigerte, daß er die theu=
ersten Opfer brachte, um die Würde eines Kö=
nigs zu erlangen. In der That erreichte er
auch diese hohe Stufe und mit dem glänzend=
sten Aufwand schmückte er den 18ten Januar
1701 zu Königsberg sein Fürstliches Haupt
mit der Königskrone, indem er sich Friedrich I.

König in Preußen nannte *). Auch seine Gemahlin ward gleichzeitig mit ihm als Königin
gekrönt. Sie war die Tochter des Hannöver-
schen Kurfürsten Ernst August, hieß Sophie
Charlotte, (nach deren Namen und ihr zu Ehren
ihr königlicher Gemahl Charlottenburg erbauen
ließ) und war seine zweite Gemahlin, die schon
1705 zum größten Schmerze ihres königlichen Ge-
mahls und aller Unterthanen aus der Welt schied.

Friedrich war der erste, der den schwarzen
Adlerorden gestiftet. Dieses geschah am Tage
vor seiner Krönung und zum Andenken an die
Erhebung des Herzogthums Preußen zum Königreiche.

Mit der Bekleidung der majestätischen Kö-
nigswürde hob sich natürlich das Ansehen seiner

---

*) König von Preußen würde besagt haben, daß
   er über ganz Preußen die Regierung gehabt,
   welches in der That aber nicht der Fall war,
   da er eigentlich nur Souverain von Ostpreußen
   gewesen war.

Regierung und seines Staates, und mit dem lebhaftesten Eifer sorgte er für eine bessere Gestaltung aller Verhältnisse. Gleichwohl mußte er an den Kriegen anderer Mächte durch Stellung seiner Hülfstruppen Theil nehmen; in seinem eigenen Lande aber herrschte Ruhe und Friede. — Selbst wissenschaftlich gebildet, lag ihm die Errichtung von Unterrichts- und Bildungs-Anstalten sehr am Herzen. Schon 1688 ward von ihm in Halle eine Ritterakademie, durch Thomasius'ens Vorlesungen berühmt — gestiftet und 1694 die Universität daselbst eingerichtet. 1700 entstand zu Berlin die Akademie der Wissenschaften, die den großen Gelehrten einen Einigungspunkt für ihre Kenntnisse gewährte. Als Nachahmung der Akademie für Maler und Bildhauer in Rom und Paris, die damals die beiden ersten in Europa waren, stiftete er in Berlin ebenfalls eine solche, als die erste in Deutschland.

Noch hatte er das Greisenalter seiner Ahnen nicht erreicht, als schon der Zustand seiner Gesundheit sich sehr verschlimmerte; besonders wirkte die, an Wahnsinn gegränzte Gemüthsstimmung seiner dritten Gemahlin, der frömmelnden Sophie Louise, einer Meklenburg-Grabowschen Prinzessin *) sehr nachtheilig auf sein, ohnehin sehr schwaches und reizbares Nervensystem, und von einer schleichenden Auszehrung gequält und gemartert, starb er am 25sten Februar 1713, im 25sten Jahre seiner Kurfürstlichen und im 12ten seiner Königlichen Regierung.

Vergrößert und erweitert ward sein Land sowohl durch Ankauf (so z. B. des Amtes Petersberg bei Halle u. a. m.), als auch durch

---

*) Seine erste Gemahlin war eine Hessen-Kassel'sche Prinzessin, die schon 1683 starb und ihm eine Tochter hinterließ.

Erbschaft einiger Ländertheile aus der Verlas=
senschaft seines Vetters Wilhelm von Oranien,
König von England, der 1702 kinderlos starb.
Unter die letztern gehören außer mehrere Graf=
schaften auch das Fürstenthum Neufchatel in
der Schweiz.

König Friedrich Wilhelm I.
Von 1713 bis 1740.

Von Friedrich Wilhelm I. Sohn und Thron=
folger seines Vaters Friedrich I. (geboren den
15ten August 1688) darf man gewissermaßen
behaupten, daß er ein wahrhaft reiner Natur=
mensch gewesen sei, dem ein fester und beharr=

licher Gerechtigkeitssinn inne wohnte, als wäre
er ihm angeboren gewesen. — Eine höhere
Entwickelung seiner Geistes-Anlagen, die zur
Ausspinnung tieferer Ideen, zur Erlangung eines
nutzreichen Zwecks erforderlich sind, vermissen
wir aus dem Grunde an ihm, weil die, den
vernünftigen Grundsätzen entgegen gewirkte Un-
terrichts-Methode seines Lehrers Rebeur, eines
gebornen Schweizers ihm allen und jeden Ge-
schmack und Wohlgefallen an einer feineren Bildung verleidete. Hiervon indeß abgesehen, besaß
er gesunde Urtheilskraft, die ihm bei der weis-
lich sparsamen Einrichtung seiner innern Staatsverwaltung sehr zu Statten kam.

Seine besondere Liebe zum Soldatenstande,
verdankte er namentlich der Leitung des Grafen
Alexander von Dohna, der als Oberhofmei-
ster seinem ganzen Wesen eine ernste Richtung
zu geben wußte. — Seine erste Erziehung
genoß er zu Hannover am großväterlichen Hofe,

gleichzeitig mit dem nachmaligen Könige von
Großbritanien, Georg II. und deſſen Schweſter
der Prinzeſſin Sophie Dorothee, die einſt (1706)
ſeine Gemahlin ward.

Als Friedrich Wilhelm an den Hannöverſchen
Hof kam, war er erſt 3 Jahr alt (1691) und
ſchon nach 2 Jahren (1693) kehrte er, von
einer innern Abneigung gegen die Sinnesart des
Prinzen Georgs dazu getrieben, wieder nach
Berlin zurück.

Ein entſchiedener Feind aller Eitelkeit und
Verſchwendung, war es bei'm Antritt der Regierung ſeine erſte und ernſtlichſte Sorge, den
Zuſtand der Hof- und Staatsfinanzen, der durch
die übertriebene Pracht ſeines Vaters bedeutend
geſchmälert wurde, beſſer und günſtiger zu
geſtalten, und ſtatt des, vorherrſchend geweſenen
Glanzes eine vernunftgemäße Sparſamkeit und
ordnungsvolle Staatswirthſchaft einzuführen.

Letztere verscheuchte natürlich alle solche Sub=
jekte vom Hofe, die nur, um ihrer Wollust
fröhnen und nur ihr eigenes Interesse steigern
zu können, ohne das Wohl des Staates im Auge
zu haben, dem Regenten heuchelten.

Friedrich Wilhelm's Regierung war eine
ruhig friedliche, und nur für das Wohl der
Unterthanen sorgende, obwohl er an den Krie=
gen anderer Mächte Theil genommen hatte. —
Die Staatsgeschäfte theilte er unter mehrere
Minister, von denen besonders Samuel, Frei=
herr von Cocceji als Justizminister durch seine
großen Verdienste sich ein Denkmal der Hoch=
achtung aller Preußen gestiftet hat.

Die Bevölkerung seines Staates lag dem
Könige, der die Gerechtigkeit streng gehandhabt,
sehr am Herzen und er bemühete sich, Preußen
mit Kolonisten aus Schwaben, der Schweiz,
Pfalz und Salzburg zu besetzen. —

Obgleich selbst eifriger Protestant im streng=
sten Sinne des Worts, gestattete er dennoch
jeder andern Religionsparthei in seinem Lande
volle Freiheit und bewies sich höchst tolerant
gegen sie. — Angelegentlich sorgte er für die
Verbesserung des Volks=Unterrichts, indem er
mehr als tausend Schulen stiftete. — In Pots=
dam gründete er (1722) ein großes Waisenhaus,
das zur Aufnahme von 2500 armen, elternlosen
Soldatenkindern bestimmt wurde.

Berlin verdankt ihm die Entstehung des
Kadettenhauses (1717), das medizinisch=chirur=
gische Collegium (1724), die Charité (1727)
und noch mehrere wohlthätige Anstalten. —

Auch strebte er für die Verbesserung und
Verschönerung vieler Städte seines Landes, un=
ter welchen er namentlich: Magdeburg, Memel,
Stettin und Wesel besonders stark befestigen

Für den Soldatenstand bis zum höchsten
Grade eingenommen, verwand er sehr viel zur
Aufstellung und Erhaltung einer großen Ar=
mee, die bei seinem Tode fast 80tausend Mann
stark und unter welchen seine Leibgarde, ihrer
Riesengröße wegen, berühmt war. Weniger
that er für die Beförderung höherer Künste,
woran wohl die unverzeihliche Vernachläßigung
des oberwähnten Lehrers Rebeur nur allein
Schuld gewesen sein dürfte.

Gottesfürchtig und redlichen Sinnes und
mit dem ruhigen Bewußtsein, stets als ein sorg=
samer Landesvater regiert zu haben, bereitete
er sich auf seinen Tod vor, der in Folge einer
Wassersucht am 31sten Mai 1740 erfolgte.

Friedrich II. der Große.

Von 1740 bis 1786.

Kaum entfaltet sich herrlich die duftende
Blüthe der Jugend, als schon oft, ehe noch
die Früchte reifen, ein Hauch des Geschicks
stürmisch wehet und der Pflanze Verderben droht.
So stellen sich oft frühzeitig schon bittere Leiden auf die Lebensbahn, um den Wanderer
den Fortschritt zu hemmen.

Diese Leiden aber öffnen dem Menschen die
Schule der Erfahrung; führen ihn zur Er-
kenntniß, zum Nachdenken und zur Besonnenheit;
regen sein Gefühl an zur Theilnahme an dem
Schicksale seiner Mitmenschen, stimmen ihn zum
Ernste, erheben ihn über alles irdisch Vergäng-
liche, beleben ihn mit Muth, stärken sein Vertrauen und leiten ihn endlich zur Ausführung
edler, gottgefälliger Grundsätze.

diese dennoch durch unvorsichtige Aeußerungen seines innigsten Freundes, des Lieutenants Katt, der seine Unüberlegenheit mit dem Leben büßen mußte, verrathen, er selbst unfern Wesel einge= holt und auf Befehl des Vaters nach der Festung Küstrin in die äußerst strengste Haft gesandt:

Diese väterliche Züchtigung, die natürlich keinen andern Zweck hatte, als den kindlichen Widerspruch zu rügen, war übrigens für Fried= rich von erfolgreichem Nutzen; denn er mußte an den Staatsverwaltungen der Domainenkam= mer zu Küstrin Theil nehmen und erweiterte dadurch seine Kenntnisse und Wissenschaften, für die zukünftige Regentschaft anwendbar, auf's bedeutendste. — Mit dem Königlichen Vater endlich wieder ausgesöhnt, vermählte er sich — freilich wider Willen — (1733) mit der Prin= zessin Elisabeth Christine von Braunschweig= Bevern, die er in Rücksicht auf seine erworbene

Bildung, gleichwohl hochschätzte, nie aber lieben konnte, weil, wie sich von selbst versteht, die Ehe eine, vom Vater erzwungene war. — Später erst, als er (1734) den König nach dem Kriegesschauplatze am Rhein begleitete, erkannte letzterer seinen Irrthum, in welchem er gegen die Gesinnungen des geistreichen Sohnes war, und faßte nun eine bessere Meinung von ihm. Als Zeichen der Aussöhnung und Zufriedenheit mit ihm, schenkte er ihm das, durch seine romantische Lage reizende Städtchen Rheinsberg zum Eigenthume, wo er von seiner Rückkehr in's Vaterland bis zur Thronbesteigung (1740) ununterbrochen seinen Aufenthalt nahm und sich allda ganz den Musen widmete.

Friedrich II. führte mit allem Rechte den Namen des Großen und Einzigen; denn groß ward sein Name, mächtig sein Ruf und einzig sein Wirken, als Regent, Landesvater und Kriegesheld. Seine ausgezeichnete Tapferkeit

D

verräth nicht nur unerschütterliches Vertrauen
und beharrliche Standhaftigkeit in den Gefahren,
die ihm in Zeiten des Krieges so oft drohten,
sondern sie giebt auch von einer beispiellosen
Geistesgegenwart den untrüglichsten Beweis.
Aus seiner Regierungsweise, seinem Verhältnisse,
in welches er sich zu den Unterthanen stellte,
und der Leitung seiner Feldzüge, entnehmen wir
die größte Klugheit und den bewundernswerthe=
sten Scharfsinn. — Seine Gewandtheit in den
Kriegesunternehmungen verdankte er der, schon
als Knabe erhaltenen, militärischen Leitung des
Generals, Grafen von Finkenstein und des
Obersten von Kalkstein; seine wissenschaftliche
Bildung aber und die Vorliebe für die höhere
Gelehrsamkeit, die das geistige Denkvermögen
in Anspruch nimmt, besonders dem Franzosen
Etienne de Jandun, der ihm frühzeitig als
Lehrer gegeben ward.

Außerdem bereicherte er seine wissenschaft=
lichen Kenntnisse durch den Umgang und leb=

haften Briefwechsel mit großen Gelehrten in
mehreren Staaten, unter welchen z.B. der Graf
Manteufel, der sächsische Gesandte von Suhm,
Voltaire, Gellert, Fontenelle u.a.m. bekannt sind.

Als Weltweiser und Staatskundiger bewährte
er sich durch seine Schriften, die er in franzö-
sischer Sprache abfaßte und herausgab. — Als
ausgezeichnet tapferer und, in politischer Rücksicht merkwürdig gewordener Feldherr, ward er
durch die schlesischen Feldzüge und den allgemein bekannten siebenjährigen Krieg berühmt,
bewundert und gefürchtet, indem sein Ruf durch's
ganze Land erscholl und auch in fremden Staaten, ja selbst sogar in andern Erdtheilen sich ein
Denkmal der Bewunderung stiftete. — Seine
Kriege waren merkwürdig; erstaunenswerther
aber noch seine Siege, die er auch selbst dann
errungen, wenn der Feind an Mannschaft und
Geschütz ungleich zahlreicher war und die Ge-
fahr und der Untergang unvermeidlich schien:

Ungewöhnliches Glück war ihm allerdings günstig und erregte darum Neid und Mißgunst, selbst unter denen, die früher als Bundesgenossen an ihn sich angeschlossen, dergestalt, daß er stets neuen Kämpfen zu widerstehen hatte. —

Sein Muth und seine Entschlossenheit kamen ihm indeß sehr herrlich zu Statten und furchtlos überwand er alle Schwierigkeiten. — Der erste von den, bereits gedachten schlesischen Kriegen, der, auf ältere Ansprüche gegründet, den Erwerb der schlesischen Fürstenthümer Brieg, Jägerndorf, Liegnitz und Wohlau, die Maria Theresia (Tochter Kaisers Karl VI., welcher als letzter männlicher Stamm aus dem Hause Habsburg den 20sten Oktober 1740 gestorben war) ihm streitig machte, bezwecken sollte, begann 1740 und daurte bis 1742. Der zweite, durch neue Reizungen veranlaßt, nahm 1744 seinen Anfang und endigte 1745, von welcher Zeit an, der geschlossene Friede bis 1756

dauerte, wo aber dann der dritte schlefische oder
der sogenannte 7jährige Krieg ausbrach, der
von allen Seiten unzählbare Opfer koſtete und
erſt 1763, durch den, auf dem ſächſiſchen Jagd=
ſchloſſe Hubertsburg, am 15ten Februar
abgeschloſſenen Frieden, der allgemein ſo ſehn=
lichſt gewünſcht wurde, aufhörte.

Durch dieſen (Hubertsburger) Friedensschluß
das Eroberungsziel erreicht, hatte Friedrich
ſeinen Staat nicht nur mit den erworbenen
Schleſiſchen Fürſtenthümern bereichert, ſondern
ihn auch durch das, ihm zugefallene Preußiſch
Polen (Weſtpreußen) bedeutend erweitert, und
nun war es ihm vergönnt, die Ruhe und Wohl=
fahrt ſeines Landes und Volkes herzuſtellen
und Alles, was nur einem zufriedenen Leben
erſprießlich ſein konnte, in Flor zu bringen.
Mit eifriger Sorgfalt beförderte er die Bevöl=
kerung durch willige Aufnahme fremder Ein=
wanderer aus fremden Ländern; die Künſte,

Wissenschaften, Gewerbe und strenge Aus=
übung der Rechtspflege blüheten unter seiner
Fürsorge, und seine Unterthanen lebten höchst
glücklich unter seinem Schutze und seiner Regent=
schaft. Auch hatte sein unermüdetes, reelle
Klugheit und strenge Gerechtigkeit bewährtes,
Streben, ihm die günstigste Meinung bei allen
Europäischen Staaten und Völkern gesichert. —
Durch vernünftige Sparsamkeit verbesserte er
den Zustand der Finanzen und hinterließ einen
ungemein bedeutenden Schatz an Geld und Ein=
künften. Zum Nutzen dieser Staats=Einnahmen
kaufte er (1763) die sehr einträgliche Porzel=
lanfabrik zu Berlin.

Außer diesem Ankaufe errichtete er daselbst
zum Nutzen der Kriegeskunst 1766 die Mili=
tairschule; 1768 entstanden daselbst zur Bele=
bung des Handels, des Bergwerks= und Hütten=
Departements, die Assecuranzkompagnie, die
Wechsel= und Leihbank; 1769 ließ er das neue
Schloß bei Potsdam (Sanssouci) vollenden;

in den folgenden Jahren wurden noch mehrere,
sehr wichtige Anstalten und 1777 die Biblio=
thek zu Berlin errichtet. — Aus allen diesen
Einrichtungen lassen sich die rechtlichsten und
uneigennützigsten Absichten des großen Monar=
chen erkennen, und solche herrliche Verdienste
bildeten den kostbaren Schmuck, der die Zierde
seines weisen Hauptes war. — Geliebt und
verehrt von Allen, die ihn kannten und von
ihm gehört haben, starb Friedrich der Einzige
am 17ten August 1786 auf seinem Schlosse
Sanssouci im 75sten Jahre seines Alters und
im 47sten seiner weisen Regierung.

Des großen Fürsten würdig, wurde seine
sterbliche Hülle in der Garnisonkirche zu Pots=
dam beigesetzt und das Andenken an ihn bleibt
in seinem Nachruhme, der in aller Herzen für
ewige Zeiten sich befestigt hat.

König Friedrich Wilhelm II.
Von 1786 bis 1797.

Nach dem Tode des ewig unvergeßlich bleibenden Königs Friedrich II. bestig der Neffe desselben, ein Enkel Königs Friedrich Wilhelm I. also Friedrich Wilhelm II. Sohn des 1758 verstorbenen Prinzen August Wilhelm, den Thron.

Geboren den 25sten September 1744, genoß er seine Erziehung unter Leitung des Generals von Bork und verrieth bei seiner Ausbildung einen durchdringenden Verstand und eine geregelte Urtheilskraft. — Der Tonkunst war er besonders zugethan und meisterhaft spielte er das Violoncell.

Auch ihm lag das Wohl, Glück und Gedeihen des Landes und die Handhabung des Rechts sehr am Herzen. Für die Wahrheit des Letz-

tern gilt das allgemeine Landrecht, welches er,
nachdem Friedrich II. es angefangen, vollendet
hat, als untrügliches Zeugniß.

Von seinem Muthe und seiner Tapferkeit
als Feldherr gab er schon bei Friedrich's II.
Regierungszeit den sichersten Beweis, und seine
Theilnahme an den Kriegsbegebenheiten in den
Niederlanden, der Türkey und Polen, von wel=
chem letztern ihm Theile zur Vergrößerung sei=
nes Staates zufielen, die unter dem Namen:
Südpreußen bekannt sind, die vollkommenste
Bestätigung.

In seine Regierungsperiode fällt der, für
die Geschichte höchst wichtige Revolutionskrieg
in Frankreich, an dem er ebenfalls Theil neh=
men mußte.

Seine Kriegesanstrengungen wirkten später
sehr nachtheilig auf seine Gesundheit, und, nach=

dem er schmerzhaft an der Wassersucht gelitten,
starb er **1797** am 16ten November zu Potsdam, während sein Leichnam in der Domkirche
zu Berlin beigesetzt wurde.

Als, für das Wohl seiner Unterthanen sor-
gender Landesvater, schaffte er alle drückende
Einrichtungen ab, und brachte nützlichere und,
dem Staate vortheilhaftere in ihre Stelle. Ihm
verdanken das Oberschulkollegium (**1787**), die
Ingenieurakademie (**1788**), die Akademie der
bildenden Künste (**1790**), die Artillerieakademie
(**1791**), die militärische Pflanzschule und die
israelitische Freischule zu Breslau, welche von
ihm Wilhelmsschule genannt ward, ihre Entstehung.

König Friedrich Wilhelm III.
Von 1797 bis 1840.

Bis jetzt hat die vaterländische Geschichte zwei wichtige Dinge gelehrt:

1. die Entwickelung des preußischen Staates selbst, indem aus einem ursprünglich gräf= lichen Stamme ein großes, umfangreiches Königreich hervorgegangen, und

2. die erbliche Reihefolge seiner Regenten, als Kurfürsten und Könige.

Diese Regenten, die Zeit ihrer Regierung, ihren Karakter und ihre Thaten konnten wir jedoch bloß aus der Mittheilung der Geschichte allein kennen lernen, weil sie lange vorher, ehe wir geboren waren, gelebt haben. Den König aber, von dem jetzt die Rede sein soll, haben viele von uns persönlich gekannt: denn erst wenige Wochen sind verflossen, daß er seinen Geist aufgab und

zu einem beffern Leben entschlummerte und die-
jenigen von uns, die, ihn zu sehen, nicht Gele=
genheit hatten, wissen doch wenigstens, von wel=
chem Monarchen der preußische Staat während
dieses Zeitraumes regiert wurde. Dieser Umstand
also, vorzüglich aber unser eigenes Bewußtsein,
daß alle Unterthanen unter dem Zepter dieses
frommen Königs höchst glücklich und zufrieden
gelebt, verdienen es, daß wir sowohl ihm, als
auch der Schilderung seiner, durch Edelmuth
und Herzensgüte ausgezeichneten Gesinnungen
und Grundsätze; der Erzählung von seinen
Thaten und Erfahrungen, der Bezeichnung sei=
ner unvergleichlichen Großmuth und Bescheiden=
heit im Glück und seiner unerschütterlichen
Standhaftigkeit im Unglück, so wie endlich der
treuen Darstellung seines musterhaft gottes=
fürchtigen Lebenswandels, die ungetheilteste Auf=
merksamkeit zu wenden und bei seiner erinnerungs=
werthen Geschichte etwas länger verweilen.

Der Hintritt des Königs Friedrich Wil=
helm II. führte seinen ältesten Sohn,

Friedrich Wilhelm III.,

geboren den 3. August 1770, am 16. Novem=
ber 1797 auf den Thron. An Herz und Ge=
fühl höchst veredelt, war er dessen in jeder Be=
ziehung würdig, und der Tag seines Todes
bezeichnet treffend das hohe Glück, dessen seine
Unterthanen unter seiner weisen Regierung sich
erfreuten, denn ein höherer Grad von inniger
und herzlicher Verehrung, die nicht nur von
Seiten seines preußischen Volkes, sondern auch
mit demselben Enthusiasmus von allen euro=
päischen Regenten, dem hohen Verklärten aus
unverkennbarer Dankbarkeit gezollt wurde, über=
steigt jede Schilderung und gibt den schlagend=
sten Beweis von der gemüthlichen Zufriedenheit
seiner Landesbewohner unter dem Schutze seines
Zepters. — Die Entwickelung seiner geistigen
Talente, so wie die Veredelung seines frommen

Herzens, hatte der, von Gott und der Welt
geliebte König theilweise dem wissenschaftlichen
Unterrichte zu verdanken, dessen er unter Leitung
des Geheimen Raths Benisch und des General=
lieutenants Backhoff genoß und der höchst
einflußreich auf seine, der Gerechtigkeit ent=
sprechenden Grundsätze einwirkte.

Letztere waren es vorzüglich, die ihm zur
Seite standen, für einen segensreichen Erfolg
das Zepter zu führen und als ein Muster wahrer
Frömmigkeit seinem Volke vorzuleuchten. Ueber=
all verkündigte sich in seinen Gesetzen und Ver=
ordnungen Weisheit und Liebe und alle hatten
sie das Heil seiner Unterthanen zum Zwecke.
Werfen wir einen Blick auf sein häusliches
Leben, so finden wir friedliche Stille mit haus=
hälterischer Ordnung gepaart und unbefleckte
Sittenreinheit als heilige Tugend bezeichnet.
Wollen wir aber ein schönes, herrliches Vorbild
eines ehelichen Glücks, von Liebe, Treue und
Einigkeit erzeugt, dem Auge vorführen, so

dürfen wir nur der Verbindung mit seiner
königlichen Gemahlin erwähnen.

Louise (Auguste Wilhelmine Amalie) hieß
diese gekrönte Gattin! Sie war eine Tochter
des Herzogs Karl von Meklenburg = Strelitz,
1776 zu Hannover, wo dieser Gouverneur war,
geboren, und am 24. Dezember 1793 mit Frie=
drich Wilhelm III., damals noch Kronprinz von
Preußen, vermählt. In ihrem 6. Jahre schon
mutterlos geworden, genoß sie anfangs bei einem
Fräulein von Wohlzogen, später aber unter Auf=
sicht ihrer Großmutter zu Darmstadt — deren
Tochter, Prinzeß Friederike Karoline Luise von
Hessen = Darmstadt, ihre Mutter war — einer
solch trefflichen Erziehug, die eine regelrechte
Entwickelung ihrer geistigen Anlagen klar be=
kundete und im Berufe einer liebevollen Landes=
mutter des preußischen Volkes ihr sehr zu
Statten gekommen war. Von Natur mit einem
hellen Verstande begabt, lernte sie schon früh=
zeitig die wahre Bestimmung des Menschen

kennen und mit jedem Tage suchte sie sich tugendhafte Gesinnungen eigen zu machen und
sie durch ein zartfühlendes Herz kund zu thun.
Ihr Streben war nur auf das Wahre, Gute,
Edle und Schöne gerichtet und diese herrlichen
Eigenschaften erwarben ihr Liebe, Zuneigung
und innige Verehrung. Von Hoheit geschmückt
und Milde geadelt, war sie würdig, die Landesmutter eines großen Volkes zu sein, und mit
Eifer zollte ihr jeder Unterthan die ihr gebüh-
rende Kindesliebe, denn ihre ausnehmende Be-
scheidenheit und Herablassung, so wie ihre lebhafte Theilnahme an dem Schicksal aller, von
unfreundlichen Verhältnissen heimgesuchten Lei-
denden bezeichneten ihre majestätische Anmuth und
waren trefflich geeignet, ihr die dankbarsten
Herzen zu erwerben. Wie sie aber als große
Königin leutselig vor dem Volke stand, eben so
war sie ein Vorbild als Gattin und Mutter,
denn auch im Zirkel ihrer Häuslichkeit war
Friede mit Zufriedenheit vereinigt und so das

Glück ihrer Gemächer begründet. — Doch leider! nicht lange waren ihr die irdischen Freuden ver= gönnt. Denn schon 1805 trübte sich die allge= meine Ruhe dadurch, daß ein kriegerisches Ge= wölk am politischen Horizont sich zur Schau stellte. Von Frankreich her verbreitete sich eine Feindseeligkeit über ganz Europa und Louise beurtheilte ihre Richtung so treffend und durch= schauete das Plansystem des französischen Kai= sers Napoleon so klar, daß sie wohl das Unheil erkannte, welches Letzterer über Deutschland an= zustiften im Sinne führte, besonders aber den preußischen Staat treffen müßte. Was sie ahnte, traf leider gar zu bald ein, denn in Folge der, am 14. Oktober 1806 bei Auerstädt (in der Provinz Sachsen, dem Regierungsbezirk Mer= seburg) und Jena (im Großherzogthum Wei= mar) auf eine mörderische Weise stattgefundenen Doppelschlacht, ward die ganze preußische Armee völlig zernichtet und die Herrschaft ihres Mo= narchen so entkräftet, daß dieser mit seiner theu=

E

ern Gemahlin und ganzen Königsfamilie die Re=
sidenz verlassen und die Flucht nach Ostpreußen
nehmen mußte. Diese traurigen Erfahrungen
konnten auf das Gemüth der zartfühlenden Kö=
nigin nicht ohne wehmüthigen Erfolg bleiben
und mußten ihre große Seele mit tiefer Besorg=
niß erfüllen. — Allmählig fing ihre Gesundheit
an zu wanken, besonders nachtheilig aber wirkte
der Verlust eines ihrer theuern Kinder, des
Prinzen Ferdinand, der einer Krankheit unterlag.
Ihrem Königlichen Gemahl treu zur Seite, war
sie im Dezember 1806 in Königsberg angekom=
men, allein auch hier genoß sie nicht der innern
Gemüthsruhe, denn die niederbeugendsten Nach=
richten, die in's preußische Kabinet eingingen
und die Schreckensbootschaft, daß der Feind (die
Franzosen) sich auch Königsberg näherten, übten
den schädlichsten Einfluß auf sie aus und nöthig=
ten sie, im erkrankten Zustande an einem Win=
tertage, in Betten gehüllt, nach Memel zu
fahren. Gleichwohl erholte sie sich daselbst,

sowohl durch die ermunternden Tröstungen, die
ihr von ihrem höchsten Familienkreise zugespro=
chen wurden, als auch durch die freudigen Em=
pfindungen über die ununterbrochen fortdauernde
Treue und Anhänglichkeit ihrer Unterthanen;
allein die am 14. Juni 1807 Statt gefundene
Schlacht bei Friedland bewirkte wieder einen
Rückfall, dessen ungeachtet sie sich jedoch ermu=
thigte, den Verhandlungen zu Tilsit, die am 9.
Juli 1807 zwar einen Frieden hervorriefen, dem
Könige aber keinen Vortheil brachten, indem
vielmehr in dessen Folge Preußen damals von
seiner Höhe in die Tiefe einer anhaltenden
Ohnmacht und Unselbstständigkeit gesunken, per=
sönlich beizuwohnen.   Der Friede führte wohl
für Preußens Bewohner einige Ruhe herbei, in
Louisens Gemüth aber kehrte nie mehr die Hei=
terkeit ihres frühern Lebens zurück.   Zu Ende
1807 ging sie wieder nach Königsberg und am
23. Dezember 1809 langte sie, nach mehrjähri=
ger Trennung endlich wieder in Berlin an.

E *

Der Tag hatte eine wehmüthige Erinnerung
hervorgebrcht, denn 16 Jahre früher hatte sie
an demselben Tage und in derselben Stunde
ihren Einzug in diese Residenzstadt gehalten!
Gleichwohl erleichterte ihr die Liebe ihres Volkes
einen jeden ihrer Schritte, doch umflorten die
trüben Verhältnisse der damaligen Zeit immer
noch ihr Gemüth und reges Zartgefühl. Er=
holung, durch gemüthliche Ruhe bewirkt, war
ihr höchster Bedarf, und in der Hoffnung, die=
selbe im väterlichen Hause zu finden, reiste sie,
dem Anscheine nach, völlig gesund, den 25. Juni
1810 auf das Lustschloß Hohenzieritz, wo sie
aber nach wenigen Tagen von einem heftigen
Brustfieber befallen wurde und, aller ärztlichen
Hülfe ungeachtet, ihren Geist aufgab. Es war
dieß am 19. Juli 1816 Vormittags 9 Uhr, der
schmerzhafte Augenblick, der eines Jeden Herz
mit Trauer erfüllte. — 5 Stunden früher war
ihr Königlicher Gemahl von Berlin angekommen,
um sich noch einmal an seiner geliebten Louise,

dem Theuersten seines Herzens zu weiden. Ihr
Tod war eine schreckliche Niederbeugung aller
Gemüther und nie wird die Zeit das Andenken
an sie vernichten. Des Königs Verlust durch
diese herzblutende Trennung vermochten Worte
nicht hoch genug zu schätzen und noch an sein
letztwilliges Vermächtniß wußte der zartfühlende
Regent die unauslöschliche Erinnerung an seine
musterhafte Lebensgefährtin durch rührende Aus=
drücke anzuknüpfen. Einen besondern Beweis
seiner Treue gab er dadurch, daß er im Schloß=
garten zu Charlottenburg ein geschmackvolles
Grabmal erbauen und am 19. Dezember des
Jahres ihres Hinscheidens ihre theuern Ueber=
reste bestatten ließ. Noch alljährlich wallen die
Berliner am Sterbetage der heimgegangenen
Landesmutter dahin, um ihr Denkmal und ihre
Statue, welche sie schlummernd darstellt, zu sehen.
— Ihrem glorreichen Andenken ist die Louisen=
stiftung gewidmet. — War nun Louise, ihrer
majestätischen Größe würdig, in die ewige Ruhe

heimgekehrt, so hatte doch ihr königlicher Gemahl
der Kämpfe und Widerwärtigkeiten noch viele
zu überstehen. Gleich Anfangs bei der Thronbesteigung im Jahre 1797 offenbarte sich dem
preußischen Lande und Volke das Muster von
Einsicht und Rechtlichkeit, tugendhafte Eigenschaften, welche Friedrich Wilhelm dem Dritten
den Namen eines liebens- und verehrungs-
werthen Königs erwarben.

Während andere europäische Mächte in kriegerischen Stürmen gegen Frankreich (unter dem
Kaiser Napoleon) sich bewegten, war es Grundsatz des preußischen Kabinets, die strengste Un-
partheilichkeit zu beobachten, indem es an der
Ausübung der Feindseligkeiten anderer Nationen
gegen die Franzosen keinen Antheil nahm. Doch
ward diese friedliche Gesinnung durch unredliche
Absichten des französischen Kaisers, die Friedrich
Wilhelms redliches Gemüth nicht billigen konnte,
im Jahre 1806 erschüttert und Letzterer dadurch
gezwungen, feindlich gegen Napoleon aufzutreten.

Sachsen, damals noch Churfürstenthum, und
Hessen-Cassel schlossen sich, Ersteres jedoch bloß
nothgedrungen und Letzteres nur bedingungs=
weise dem preußischen Heere an, während Ruß=
land ernstlich thätige Hülfe angelobt hatte. Die
Kriegserklärung des preußischen Hofes gegen
Frankreich beruhete bloß auf dem Antrage, daß
die Franzosen, welche sich eigenmächtig in Deutsch=
land ausgedehnt hatten, dasselbe wieder räumen
und nach ihrem Vaterlande zurückkehren möch=
ten. So natürlich nun dieser Antrag in den
Augen eines jeden Gerechten auch erscheinen
mußte, weil die französischen Fremdlinge viele
Städte nur widerrechtlich besetzt hatten, so ward
er dennoch von Napoleon abgelehnt, und Preußen
ward dringend genöthigt, sich gegen Frankreich
zu rüsten. In diesem wichtigen Entschluß und
dessen Ausführung war das Unerforschliche des
göttlichen Rathschlusses nicht zu verkennen, denn
vom Himmel war es verhängt, daß Preußen
eine Zeit lang unter dem Druck eines fremden

Tyrannenjoches seufzen sollte, um später in
vollerem Glanze wieder hervortreten zu können.
In Folge dieser Bestimmung der allweisen Vor=
sehung, mußten die Krieges=Bewegungen einen
unglücklichen Ausgang für Preußen nehmen und
dessen Armee dem feindlichen Schwerdte unter=
liegen. Kaum hatte sich am 9. Oktober 1806
das Signal der Feindseligkeiten kund gethan,
als schon am folgenden Tage der Vortrab des
Preuß. Heeres bei Saalfeld (im Herzogthum
Sachsen=Koburg=Altenburg) zurückgedrängt wurde
und der muthvolle Prinz Louis von Preußen,
seiner bewundernswerthen Tapferkeit ungeachtet,
den Tod fand. Noch unheilschwerer aber war
für Preußen die am 14. Oct. desselben Jahres
gelieferte Doppelschlacht bei Jena und bei
Auerstädt, in welcher Letztern der Herzog von
Braunschweig, als Preuß. Heeranführer eine
tödtliche Verwundung erhielt, in deren Folge er
bald nachher starb.

Diese in der Staaten-Geschichte der neuern
Zeit ewig denkwürdig bleibende Schlacht war,
nach höherer Bestimmung, für Preußen so un=
glücklich entscheidend, daß der König einen sehr
großen Theil seines Landes verlor und er selbst
die Flucht nach Ostpreußen nehmen mußte;
während der, vom merkwürdigsten Glück begün=
stigte Kaiser Napoleon schon am 27. Oktober
seinen Einzug in die wehrlose Hauptstadt der
preußischen Monarchie hielt. — In Memel
angekommen, sammelte Friedrich Wilhelm sein
Heer von Neuem und es begannen, von dem
russischen Kaiser, seinem treuen Verbündeten
kräftig unterstützt, neue Rüstungen gegen den, in
Ostpreußen eingedrungenen Feind. Doch auch
hier war den Preußischen Kriegern das Glück
unhold, denn die am 7. und 8. Februar bei
Preußisch Eylau und am 14. Juni 1807
bei Friedland (beide im Regierungsbezirk Kö=
nigsberg) gelieferten Schlachten machten Napo=
leon ebenfalls zum weltberühmten Sieger und

dem überwundenen Könige von Preußen blieb
nichts Anderes übrig, als zu einem Friedens=
Antrage seine Zuflucht zu nehmen.

In der That kam auch ein solcher zu Stande
und ward am 9. Juli zu Tilsit abgeschlossen.
So wohlthuend und heilbringend indessen der
Zweck eines Friedens für die Ruhe der Völker
auch immer zu sein pflegt, so umschloß der Til=
siter Frieden für Preußen dennoch keine vor=
theilhafte Bedingungen, denn in Folge dessen
mußte Friedrich Wilhelm solche Provinzen ab=
treten, die seit Jahrhunderten seinem Hause
treu ergeben gewesen waren, so, daß die Hälfte
seines Reiches verloren ging; außerdem aber
mußte er es ruhig zugeben, daß selbst die, seinem
Zepter noch verbliebenen Länder von den fran=
zösischen Truppen besetzt gehalten und seine
treuen Unterthanen von ihnen gleichsam aus=
gesaugt wurden. — Selbst Berlin räumten sie
erst im Dezember 1808 und erst am Ende des
Jahres 1809 konnte der, von seinem anhäng=

lichen Volke heiß zurückgesehnte König in seine
Residenz wieder einziehen. Je größer aber die
Anstrengung des biedern Monarchen seinen Zeit=
genossen erschien, desto würdiger erhob er sich
durch die bescheidene Ergebung in sein Schick=
sal und mit Ruhe und beispielloser Gleichmuth
ertrug er seine Leiden um so leichter, als er in
den herben Schickungen und unglücklichen Er=
fahrungen die Hand Gottes erkannte und den
Willen der himmlischen Allweisheit verehrte.

So von Gottesfurcht belebt und mit vollem
Vertrauen auf den Herrn ausgerüstet, war es
nach seiner Rückkehr sein erster Grundsatz, das
Wohl seiner Unterthanen, das durch feindliche
Hand gefährdet worden war, mit nur erdenkli=
cher Möglichkeit wieder hervorzurufen und sie
selbst mit den erfreulichsten Hoffnungen zu be=
leben. Vertrauen auf Gott, wenn es von einem
redlichen Gemüthe verwahrt und genährt wird,
bleibt nie unbelohnt, und so fand auch Friedrich
Wilhelm in dem himmlischen Beistande wieder

reichlichen Ersatz für seine herben Verluste.
Napoleon's Uebermuth führte diesen nämlich im
Jahre 1812 nach Rußland, um auch dieses
mächtige Reich kriegerisch zu erobern; statt aber
nach Gewohnheit auch dort den Siegeslorbeer
zu finden, mußte er nur Schande und Schmach
ernbten und völlig zerrüttet in seine Heimath
(nach Frankreich) zurückkehren. Dieses trübe
Gewölk, das den Horizont des stolzen Kaisers
zu dunkeln begann, erschien allen andern Mäch=
ten Europa's als ein glänzender Stern, der der
ganzen Welt nur Freude Glück und Ersprieß=
lichkeit andeutete. Brüderlich boten sämmtliche
Staatenbeherrscher unseres Erdtheils einander
die Hand und, von Gottes Schutz und Beistand
gekrönt, verjagten sie, in Folge mehrerer in den
Jahren 1813, 1814 und 1815 überstandenen
siegreichen Kämpfen, bei denen sich der deutsche
Muth wie lobernde Feuersgluth zeigte, den gro=
ßen Napoleon von seinem Throne und befreieten
auf diese Weise alle, durch seine Macht gedrück=

ten Völker von ihrem schmerzhaft empfundenen
Joche, dessen Abschüttelung sie um so gewisser
wurden, als der, seiner Regierungsgewalt entsetzte
Kaiser am 4. Mai 1821 auf der Insel St. He=
lena (in Afrika) wohin er als Staatsgefange=
ner gebracht wurde, seinen Geist aufgab*).
Deutschland konnte nun wieder frei athmen und
sich erholen; der preußische Staat ward bedeu=
tend vergrößert und Preußen's König fing nun
mit erneuerter Kraft und rastloser Sorgfalt an,
durch verschiedenartige Einrichtungen, Anstalten,
Verbesserungen und Verordnungen den göttlichen
Seegen über sein Land und Volk hervorzurufen.
Alles gewann durch sein unermüdetes redliches
Streben: die Gewerbe, die Kunst und die Wissen=
schaft**), denn sein reger Sinn für's Gute und

---

*) Am 15. Dez. 1840 ließ die franz. Regierung unter
   König Louis Philipp, von dem Minister Thiers dazu
   veranlaßt, Napoleon's Asche nach Paris bringen
   und daselbst beisetzen.
**) Unter die zahllosen nutzreichen Einrichtungen und
   Anstalten, die Friedrich Wilhelm III. zum Wohl

Nützliche suchte unaufhörlich das Wohlergehen seiner Unterthanen zu befördern und deren zu= friedene Stimmung zu erhalten. Diese, einem frommen Regenten würdigen Gesinnungen ver= schafften ihm um so natürlicher die ungeheu= chelte Liebe, treue Anhänglichkeit und Verehrung seines Volkes, als dasselbe in allen seinen Ge= setzen und Verordnungen die reinsten, strenge Gerechtigkeit bekundende Absichten seines erha= benen Monarchen erkannte.

Wie er aber selbst durch tugendhaften Bie=

---

seiner Staatsbewohner getroffen, gehören vorzüg= lich die, 1810 zu Berlin, und 1818 zu Bonn gestifteten Universitäten, nachdem im Jahre 1811 die zwischen 1486 — 1506 zu Frankfurt a. O. er= richtete Universität nach Breslau übergegangen war. — Zu den Verschönerungen der Residenz, die sowohl die Beförderung der Kunst und Wissen= schaft bezwecken, rechnen wir das prachtvolle Mu= seum, zur Aufbewahrung der Alterthümer und Kunstwerke bestimmt (1830 am 3. August feierlich eröffnet), der zwischen diesem und dem Schlosse angelegte Springbrunnen, der höchst nützliche Te= legraph, die Anlegung des neuen Thors u. m. A.

derſun ſeinen Thron zu verherrlichen ſtrebte,
wußte er ſein Gerechtigkeitsgefühl mit ſeinen
muſterhaften Grundſätzen auch auf das edel=
müthige Herz ſeiner hinterlaſſenen erlauchten
Kinder zu übertragen. Die Letzteren finden wir
im Geſchlechtsregiſter in nachſtehender Geburts=
folge aufgeführt, als:

1. Der jetzige König Friedrich Wilhelm
    IV., geboren den 15. Oktober 1795,
       vermählt ſeit dem 29. November 1823
    mit Eliſabeth Ludovike, Schweſter des
    Königs von Baiern.

2. Der Prinz von Preußen, Friedrich Wil=
    helm Ludewig, geb. den 22. März 1797,
       vermählt ſeit dem 1. Juni 1829, mit
    Marie Louiſe Auguſte Katharina, Toch=
    ter des Großherzogs von Sachſen=Weimar.

3. Die Kaiſerin von Rußland, Alexandra
    Feodorowna (als Preußiſche Prinzeſſin
    Friedrike Luiſe Charlotte), geboren den
    13. Juli 1798 und

vermählt seit dem 13. Juli 1817 mit Nikolaus I., Kaiser von Rußland.

4. Der Prinz Friedrich Karl Alexander, geboren den 29. Juni 1801,

vermählt seit dem 26. Mai 1827 mit
Marie Luise Alexandrine, Schwester der
vorgenannten Prinzeß von Preußen.

5. Die Großherzogin Friederike Wilhelmine
Alexandrine Marie Helene, geboren den
23. Februar 1803,

vermählt seit dem 25. Mai 1822 mit
dem Großherzog Paul von Meklenburg-
Schwerin.

6. Die Prinzeß Luise Auguste Wilhelmine
Amalie, geboren den 1. Februar 1808,

vermählt seit dem 1. Mai 1825 mit
dem Prinzen Friedrich der Niederlande.

7. Der Prinz Friedrich Heinrich Albrecht
geboren den 4. Oktober 1809,

vermählt seit dem 14. September 1830

mit Wilhelmine Friedrike Luise Mariane,
Tochter des Königs der Niederlande.

Diese anmuthigen Früchte seiner überaus
glücklichen Ehe der, leider zu früh entschlafenen
Luise labten durch ihr herrliches Gedeihen das
Herz ihres, von allen Preußen innigst geliebten
Vaters, der seit dem Jahre 1815, welches den
kriegerischen Qualen und der fränkischen Unter=
jochung ein Ziel setzte und den heilbringenden
Saamen zum fernern Frieden und beruhigenden
Leben ausstreuete, der Freuden und glücklichen
Zeiten mehrfach genoß. Die Freiheit war er=
rungen, die Unterthanen fühlten sich von neuem
gekräftigt und sahen in dem neuen Zustande
ihres Vaterlandes die schönste Blüthe einer
reifern Zukunft; die Kinder waren zu Männern
herangereift und durch Verschwägerung mit den
angesehensten Höfen Europas in die günstigsten
Verhältnisse getreten; sein höheres Alter ward
durch die Zartgefühle und treue Anhänglichkeit
einer neuen Lebensgefährtin, der Fürstin von

F

Liegnitz, Auguste, gebornen Gräfin von Harrach
gepflegt und erheitert — alle diese angenehmen
Empfindungen mußten nur das fromme Gemüth
des Königs auf die erquickendste Weise aufrecht
erhalten. Waren die ersten 18 Jahre seiner
Regierung unter mannichfachen Leiden, bittern
Erfahrungen und Anstrengungen vorübergegan=
gen; so brachten ihm die letzten 25 Jahre Ent=
schädigung und Ersatz in doppeltem Maaße, und
geistig und körperlich gestärkt durch das innere
Bewußtsein, streng gewissenhaft gehandelt zu
haben vor Gott und der Welt und für seine
eigene Vervollkommnung im Guten, so wie für
das Heil seines Volkes, stand er bei der An=
näherung an das Greisenalter in einer Kraft
da, die je den Bewundernswürdigkeiten seiner
Zeitgenossen gehörte. Ja sein Standpunkt hatte
eine Höhe erreicht, der sich sobald ein, früher
seines Eigenthums beraubt gewesener Monarch
nicht rühmen kann, und die Verehrung, Hoch=
schätzung und ausgezeichnete Liebe, die ihm in

den Palästen anderer Landesregenten, wie in
den niedrigsten Hütten seiner Landesbewohner
mit Herzlichkeit gezollt wurden, geben den klar=
sten Beweis davon. Unvergeßlich wird uns,
die wir Augenzeugen waren, unvergeßlich wird
allen Preußen das Gefühl bleiben, dessen sich
die erschreckten Gemüther bemächtigte, als die
traurige Nachricht sich verbreitete, der König
von Preußen sei verschieden, Friedrich Wilhelm
der Dritte sei in's ewige Leben hinüber gegan=
gen. Ein Jeder, der sie hörte, fühlte sein Herz
vor Schreck pochen, beklommen und beengt und
der Drang des Schmerzes hemmte den Lauf
der Thränen, die man weinen wollte, um sich
Erleichterung zu verschaffen. Am Sonntage, den
7. Juni 1840, Nachmittags 3½ Uhr — es war
gerade der erste Pfingstfeiertag — erscholl die
niederschlagende Kunde wie ein betäubendes Un=
gewitter durch alle Räume der Residenz: unser
König ist entschlafen. Von allen Gesichtern
war das Abzeichen ihrer Empfindung zu lesen

F*

und jetzt erst trat die lebhafte Schilderung seines gottesfürchtigen Lebenswandels, seines gerechten Sinnes und Wirkens in mannichfachen Bezeichnungen hervor. Am folgenden Morgen las man in den, mit schwarzen Einfassungen versehenen Berliner Zeitungen Folgendes:

Berlin, vom 7. Juni.

„Nach dem unerforschlichen Rathschlusse Gottes vollendete heute Nachmittags $3\frac{1}{2}$ Uhr Unser geliebter König, Se. Majestät Friedrich Wilhelm der Dritte, der Vater seines Volkes die irdische Laufbahn.“

„Die Folge eines wiederholten Anfalls der Grippe, an welchem Seine Majestät seit einigen Wochen erkrankt waren, führten in den letztern Tagen eine stärkere Abnahme der Kräfte und dadurch einen Zustand herbei, der allen Anstrengungen der Natur und der Kunst erfahrener Aerzte widerstehend, dem theuern und reichgeseg=

neten, aber auch viel geprüften Leben Sr.
Majeſtät unter den heißeſten Thränen
ſämmtlicher in dieſem Augenblick um Ihn
verſammelten Königlichen Kinder und der
Prinzen und Prinzeſſinnen des Königlichen
Hauſes ein Ziel ſetzte *)."

Donnerſtag den 11. Juni, Vormittags 11
Uhr, ward die hohe Leiche, nachdem ſie ſchon
am 9. aus dem Palais des Hochſeeligen in das
große Schloß gebracht und dem Publikum zur
Parade geſtellt war, unter Trauergeläute und

---

*) Zur leichtern Erträgung ſeiner körperlichen Schmer=
zen trug der, für ſeine höchſtſeelige Majeſtät ſehr
angenehm geweſene Umſtand, daß während der
Krankheit des hohen Verklärten bis zu ſeinem
Dahinſcheiden, ſämmtliche Kinder, Schwiegerkinder
und Enkel deſſelben um ſein Sterbebette verſam=
melt, und ſogar wenige Stunden vor der erfolg=
ten irdiſchen Vollendung ſein erlauchter Schwieger=
ſohn, der Kaiſer Nikolaus, in Berlin angekommen
war, um den letzten Vaterſegen zu empfangen.

den rührendsten Formen in die Domkirche be=
stattet, in der folgenden Nacht aber in geräusch=
loser Stille nach Charlottenburg gebracht und
in der dortigen Königlichen Gruft beigesetzt.
Die innige Theilnahme an dem herben Verluste
des königlichen Verklärten führte nicht nur den
gewaltigen Andrang einer unbeschreiblichen
Menschenmasse herbei, sondern veranlaßte auch
viele auswärtige Fürstenhäupter, dem geliebten
und verehrten Monarchen durch ihre Anwesen=
heit in der Residenz die letzte Ehre zu beweisen.
So erhob sich Friedrich Wilhelm der Dritte,
nachdem er 43 Jahre lang das Zepter auf die
liebevollste Weise und mit der strengsten Ge=
rechtigkeit geführt hatte, von seinem irdischen,
ruhmvollen Throne nach jenen himmlischen
Räumen hinauf, wo Chöre heiliger Engel seine
reine, unbefleckte Seele empfingen und ihm den
Genuß der Seeligkeit bereiteten.

König Friedrich Wilhelm IV.
Seit 1840.

Der Sonnenuntergang, der durch den Tod Friedrich Wilhelm des Dritten das Auge eines jeden Preußen trübte, führte ein heiteres, anmuthvolles Morgenroth herbei, das mit Freundlichkeit das eingetretene Dunkel wieder klärte und stärkende Hoffnung verkündete. Das trauernde Herz findet kraftvollen Trost in dem erlauchten Nachfolger des Höchstverblichenen, in Friedrich Wilhelm IV., der sein Königshaupt mit der Regentenkrone schmückt und dessen Zepter seinem Volke Heil bringt.

Friedrich Wilhelm IV., unser jetzt regierender König — Gott erhalte ihn bei'm besten Wohl! — ist am 15. Oktober 1795 geboren. Sein merkwürdiges Talent und sein bewundernswerther Scharfsinn, mit denen die

Natur ihn begabt, zeichnen ihn auf's rühmlichste
und großartigste aus und die regelrechte Erzie=
hung, deren er unter den vortrefflichsten Päda=
gogen genoß, so wie endlich sein unermüdetes
Streben, durch zweckmäßigen Unterricht seine
geistigen Anlagen immer mehr zu entwickeln
und seine vielseitig wissenschaftliche Ausbildung
zu befördern, erwarben ihm eine Fülle von
nutzreichen Kenntnissen, die ihm, als umsichtigen
Regenten sehr zu Statten kommen. Im Besitz
eines edelmüthigen Karakters, ist er gleichzeitig
mit Einsicht und gerechtem Willen ausgestattet,
und diese Eigenschaften nähren und befestigen
die Hoffnung aller Preußen, daß der neue Mo=
narch nur das Gute, das Glück und das Heil=
bringendste seiner treuen Unterthanen im Auge
habe und möglichst zu erreichen stets bemühet
sein werde. — Um sich seinem Volke auf die
freundlichste und liebevollste Weise zu nähern
und dasselbe zu Ansprüchen auf seine Gnade,
sein Wohlwollen, seine Huld und seine Gerech=

tigfeit zu ermächtigen., geruhete der erhabene
Monarch, wenige Tage nach seiner Thronbestei=
gung, durch die Zeitungen folgende letztwilligen
Worte seines erhabenen königlichen Vaters mit=
zutheilen.

Dieselben verdienen es, für die spätesten
Zeiten im Nachklange zu bleiben und lauten
also:

> „Mein letzter Wille.
>
> „Meine Zeit mit Unruhe, meine
>   Hoffnung in Gott!
>
> „An Deinem Seegen, Herr, ist
>   alles gelegen!
> Verleihe Mir ihn auch jetzt zu
>   diesem Geschäfte.“

„Wenn dieser Mein letzter Wille Meinen
innigst geliebten Kindern, Meiner theuern Au=

guste*) und Meinen übrigen lieben Angehörigen,
zu Gesicht kommen wird, bin Ich nicht mehr unter
ihnen und gehöre zu den Abgeschiedenen. Mö=
gen sie dann bei dem Anblick der ihnen wohl=
bekannten Inschrift: — Gedenket der Abge=
schiedenen — auch Meiner liebevoll gedenken!

Gott wolle mir ein barmherziger und gnä=
diger Richter sein und meinen Geist aufnehmen,
den Ich in seine Hände befehle. Ja, Vater, in
Deine Hände befehle ich meinen Geist! In ei=
nem Jenseits wirst Du Uns alle wieder ver=
einen, möchtest Du uns dessen in Deiner Gnade
würdig finden, Amen.

Schwere und harte Prüfungen habe Ich nach
Gottes weisem Rathschluß zu bestehen gehabt, so=
wohl in Meinen persönlichen Verhältnissen
(insbesondere, als Er Mir vor 17 Jahren das
entriß, was Mir das Liebste und Theuerste war)

---

*) Fürstin von Liegnitz.

als durch die Ereignisse, die Mein geliebtes
Vaterland so schwer trafen. Dagegen aber hat
Mich Gott — ewiger Dank sei ihm dafür —
auch herrliche, frohe und wohlthuende Ereignisse
erleben lassen. Unter die ersten rechne Ich vor
allen die glorreich beendeten Kämpfe in den
Jahren 1813, 14 und 15, denen das Vaterland seine Restauration verdankt. Unter die
letztern, die frohen und wohlthuenden, aber rechne
Ich insbesondere die herzliche Liebe und Anhänglichkeit, und das Wohlgelingen Meiner
geliebten Kinder, so wie die besonders unerwar-
tete Schickung Gottes, Mir in Meinem fünften
Dezennium eine Lebensgefährtin zugeführt zu
haben, die Ich als ein Muster treuer und zärt-
licher Anhänglichkeit öffentlich anzuerkennen Mich
für verpflichtet halte.

Meinen wahren, aufrichtigen letzten Dank
Allen, die dem Staate und Mir mit Einsicht
und Treue gedient haben.

Meinen wahren, aufrichtigen letzten Dank
Allen, die mit Liebe, Treue und durch ihre per=
sönliche Anhänglichkeit Mir ergeben waren.

Ich vergebe allen Meinen Feinden, auch
denen, die durch hämische Rede, Schriften
oder durch absichtlich verunstaltete Darstellungen
das Vertrauen Meines Volks, Meines größten
Schatzes (doch Gottlob nur selten mit Erfolg)
Mir zu entziehen bestrebt gewesen sind.“
Berlin, den 1. Dezember 1827.
(gez.) Friedrich Wilhelm.“

„Auf Dich, Meinen lieben Fritz, geht die
Bürde der Regierungs=Geschäfte mit der ganzen
Schwere ihrer Verantwortlichkeit über. Durch
die Stellung, die Ich Dir in dieser Beziehung
auf diese angewiesen hatte, bist Du mehr als
mancher andere Thronfolger darauf vorbereitet
worden. An Dir ist es nun, Meine gerechten
Hoffnungen und die Erwartungen des Vater=
landes zu erfüllen — wenigstens danach zu

ſtreben. Deine Grundſätze und Geſinnungen
ſind Mir Bürge, daß Du ein Vater Deiner
Unterthanen ſein wirſt.

Hüte Dich jedoch vor der allgemein um ſich
greifenden Neuerungsſucht, hüte Dich vor un=
praktiſchen Theorien, deren ſo unzählige jetzt im
Umſchwunge ſind, hüte Dich aber zugleich vor
einer faſt eben ſo ſchädlichen, zu weit getriebe=
nen Vorliebe für das Alte, denn nur dann,
wenn Du dieſe beiden Klippen zu vermeiden
verſtehſt, nur dann ſind wahrhaft nützliche Ver=
beſſerungen gerathen.

Die Armee iſt jetzt in einem ſeltenen guten
Zuſtande; ſie hat ſeit ihrer Reorganiſation Meine
Erwartungen wie im Kriege ſo auch im Frieden
erfüllt. Möge ſie ſtets ihre hohe Beſtimmung
vor Augen haben, möge aber auch das Vater=
land nimmer vergeſſen, was es ihr ſchuldig iſt.

Verabſäume nicht, die Eintracht unter den
Europäiſchen Mächten, ſo viel in Deinen Kräf=
ten, zu befördern; vor allem aber möge Preußen,

Rußland und Oesterreich sich nie von einander trennen; ihr Zusammenhalten ist als der Schluß-stein der großen Europäischen Allianz zu be-trachten.

Meine innig geliebten Kinder berechtigen Mich Alle zu der Erwartung, daß ihr stetes Streben dahin gerichtet sein werde, sich durch einen nützlichen, thätigen, sittlich reinen und gottesfürchtigen Wandel auszuzeichnen; denn nur dieser bringt Segen, und noch in Meinen letzten Stunden soll dieser Gedanke Mir Trost gewähren.

Gott behüte und beschütze das theuere Va-terland!

Gott behüte und beschütze unser Haus, jetzt und immerdar!

Er segne Dich, Mein lieber Sohn und Deine Regierung und verleihe Dir Kraft und Einsicht

dazu, und gebe Dir gewissenhafte treue Räthe
und Diener und gehorsame Unterthanen. Amen!
Berlin, den 1. Dezember 1827=
(gez.) Friedrich Wilhelm."

Diese, aus dem gemüthlichen Innern eines
gottesfürchtigen Herzens geflossenen, Worte er=
regten in dem Gefühle eines Jeden, der sie las
und lesen hörte, ein solch' zärtlich gerührte Empfin=
dung, daß seinem Auge unwillkührlich der
Thränen gar viele entquollen und mit erneuer=
ter Theilnahme an dem Verluste des vielgelieb=
ten Monarchen weihete man seinem Andenken
die ungeheucheltste und uneigennützigste Ver=
ehrung. Den Trost über diese Trennung
von diesem irdischen Leben aber spricht sich
deutlich aus in dem hoffnungsvollen Hinblick
auf den, uns hinterlassenen Thronfolger,
seinen erlauchten Sohn Friedrich Wilhelm IV.,
dessen Zepter auf Pfeiler der Gerechtigkeit
Liebe, Gnade, Huld und des Wohlwollens

gegründet nnd befestigt ist, der unseres Ver=
trauens, unserer Treue und Anhänglichkeit
und Ergebung im vollsten Sinne des Wor=
tes würdig ist, und für dessen theures Leben
und Wohl wir täglich beten wollen zu Gott,
dem König aller Könige, dem Herrn aller
Herren!

Geschichtliche Denkwürdigkeiten.
Alphabetisch geordnet.

Adlerorden, schwarzer, gestiftet 1701 von König
Friedrich I.

Akademie der Wissenschaften zu Berlin 1700
unter demselben.

Akademie der bildenden Künste zu Berlin 1790
unter König Friedrich Wilhelm II.

Artillerie-Akademie 1791 unter demselben.

Assekuranz-Kompagnie 1768 unter König Friedrich II.

Bank, Wechsel- und Leih-, 1768 unter demselben.

Bergwerks- und Hütten-Departement 1768 unter demselben.

Bibliothek zu Berlin 1777 unter demselben.

Burggraf, erster von Hohenzollern — Conrad
1180.

G

Charité zu Berlin 1727 unter König Friedrich
Wilhelm **I.**

Charlottenburg, erbauet durch König Friedrich **I.**

Collegium, medizinisch = chirurgisches zu Berlin
1724 unter König Friedrich Wilhelm **I.**

Ober=Schul=Collegium 1787 unter König Frie=
drich Wilhelm **II.**

Erbfolgegesetz, aufgestellt vom Kurfürsten Al=
brecht Achilles zwischen 1470 — 86.

Freiheitskrieg gegen Napoleon 1813 — 1815,
unter Friedrich Wilhelm **III.**

Friede, Hubertsburger 1763 — König Frie=
drich **II.**

Gründung des Denkmals Friedrich's **II.** 1840
unter König Friedrich Wilhelm **III.**

Gymnasium, Berlinisches 1574 durch Kurfürst
Johann Georg.

Gymnasium, Joachimsthal'sches 1607 durch
Joachim Friedrich.

Gymnasium, Friedrich Werdersches zu Berlin,

unter Kurfürst Friedrich Wilhelm dem
Großen zwischen 1640 bis 1688.

Ingenieur = Akademie, 1788 unter König Frie=
drich Wilhelm **II.**

Kadettenhaus zu Berlin, 1717 unter König
Friedrich Wilhelm **I.**

Kammergericht zu Berlin, gestiftet vom Kur=
fürsten Joachim **I.** zwischen 1499 —
1535.

Kanal bei Müllrose 1668 vom Kurf. Friedrich
Wilhelm dem Großen.

Kriege, 2 schlesische und der 7 jährige, geführt
von König Friedrich **II.** von 1740 —
1763.

Landrecht, das, vollendet unter König Friedrich
Wilhelm **II.** zwischen 1786 — 1797.

Militairschule zu Berlin 1766 unter König
Friedrich **II.**

Museum zu Berlin, eröffnet 1830 unter König
Friedrich Wilhelm **III.**

G *

Porzellan-Fabrik zu Berlin, die, wird königlich 1763 unter König Friedrich **II.**

Postwesen, deutsches 1650 unter Kurf. Friedrich Wilhelm dem Großen.

Ritter - Akademie zu Halle 1688 unter König Friedrich **I.**

Sanssouci vollendet 1769 unter König Friedrich **II.**

Universität zu Frankfurt an der Ober unter Kurfürst Johann Cicero zwischen 1486 — 1499, und 1506, und unter dessen Sohn: Joachim **I.**

Universität zu Duisburg unter Kurf. Friedrich Wilhelm dem Großen, zwischen 1640 — 1688.

Universität zu Halle 1694 unter König Friedrich **I.**

Universität zu Berlin 1810 unter Friedrich Wilhelm **III.**

Universität zu Breslau 1811 unter Friedrich Wilhelm **III.**

Universität zu Bonn 1818 unter Friedrich
    Wilhelm III.

Waisenhaus zu Potsdam 1722 unter König
    Friedrich Wilhelm I.

Druck von J. G. Brüschcke.

Zeitfracht Medien GmbH
Ferdinand-Jühlke-Straße 7
99095 Erfurt, Deutschland
produktsicherheit@kolibri360.de